JN440627

왼쪽으로 보는 모자이크

왼쪽으로 보는 모자이크

1판 1쇄 펴낸날 2021년 9월 13일
지은이 시목문학회
대표 박장희
회장 박순례
편집장 양문희
편집위원 김뱅상, 이선락, 이종보

펴낸이 이재무
책임편집 박은정
편집디자인 민성돈, 장덕진
펴낸곳 (주)천년의시작
등록번호 제301-2012-033호
등록일자 2006년 1월 10일
주소 (03132) 서울시 종로구 삼일대로32길 36 운현신화타워 502호
전화 02-723-8668
팩스 02-723-8630
홈페이지 www.poempoem.com
이메일 poemsijak@hanmail.net

ISBN 978-89-6021-576-4 03810

값 10,000원

* 이 책은 울산광역시 | 울산문화재단 의 2021 울산예술지원 선정 사업의 일환으로 발간되었습니다.

왼쪽으로 보는 모자이크

시목문학회

천년의 시작

여는 글

세 번째 획

솟아오른 발
같은 자리를 맴돌다 고요를 연다
춘수에 목을 적신
나무는 자라
붕새, 하늘을 덮고

2021년 9월
시목문학회 회장 박순례

차례

여는 글

초대시 / 구광렬

김숲

박순례

임성화

박산하

이선락

성자현

박종성

윤유점

양문희

김도은

* 수록 순서는 이메일을 기준으로 하였습니다.

초대시 / 구광렬

고백과 고백 사이
—밸런타인데이, 투썸플레이스에서

누군가 기원전紀元前의 말 한 마리를 몰고 와선 그를 싣고 떠나 줬으면 했다 도무지 부활의 희망이나 의지를 보여 주지 않던 그 성당의 예수상, 아니 예수.

기쁜 날에도 그를 보면 슬퍼졌다 복도를 지날 때면 피를 철철 흘리는 모습이 하 애처로워 손발에 박힌 못이라도 빼 주고 싶었다

그럼에도 난, 그 성당을 오래 다녔다 술을 마시고 포커를 치는 예수보다 더 신神 같던 사제 때문이다

쿠바산 시가를 빨다가 위스키가 담긴 콜라 병을 들이켜며 그가 한 말: 죄는 물론이고 벌 또한 인간의 짓이다 신의 짓이 아니다 세 번씩이나 부인해 줄 베드로 같은 신자는 못 됐지만 히든카드를 들여다보는 그의 쭉 째진 눈망울에선 차라리 부활의 의지를 엿볼 수 있었다 어쨌든 그 신부, 예수보다 먼저 세상을 떴고 지금까지 부활했다는 소문은 없다

그럼에도 난, 계속 성당을 다녔다 마리아보다 더 성모聖母 같던 수녀 때문이다 '형제님, 형제님' 부르는 그녀의 목소리엔 내 어머니에 결핍됐던 살가움이 들어 있었다

내 나이 열아홉, 마침내 그녀를 사랑했다 검은 수녀복은 총천연색으로 보이고 달력엔 성당 가는 날이 유난히도 빨갛게 칠해졌다

하나 짝사랑이었다 그녀, 나보다 예수, 아니 예수상을 더 사랑했다 날 보곤 웃었지만 그를 보곤 울었다

지금 난, 듬뿍 얹힌 휘핑크림 너머 그 성당을 바라본다 마당엔 여전히 석녀石女 마리아가 보이건만 복도엔 그가 있을까? 그 그림자 말이다 회랑 끝까지 죽 늘어지던 검은 뿌리 같던, 도굴된 시체를 세워 놓은 듯해 다시 묻어 주고 싶던.

아니, 그 또한 신이었을 거다 신 없으면 기원후紀元後 인간이 신이 되려 드니까

혼자 있어도 함께 있는 느낌, 그래서 난 이곳을 즐겨 찾는다

그래, 그녀 또한 날 사랑했을지 모른다 에스프레소의 쌉싸래함과 녹아드는 생크림의 단맛이 어우러지고 있잖아

펌프와 젖꼭지
—나 다니던 초등학교, 사창가에 있었다

1

창근이네 집에는 누나들이 많았다 난 녀석의 친누나들이라 믿었고 그녀들, 더운 날에도 짙은 화장을 했다 마당 한가운데 뽐뿌 물에 등목을 할 양이면 토종 참외만 한 유방들이 덜렁거렸는데, 사이사이 돈을 다발로 끼워 줘도 그 꼭지만은 못 빨게 했는지 팥알만 한 것들, 갓 잡은 암다랑어 속살보다 붉었다

어린애가 보기에도 어린애 같던 계집들. 비싼 울음을 싸게 파느니 싼 웃음을 비싸게 팔겠다는 듯, 사이사이 신음 아래 깔깔거리는 소리가 들렸다

그 아껴 놓은 눈물방울들, 세상이 양껏 울음 울 수 있을 방을 주고 열쇠를 줄 때까지 젖꼭지에 매달아 놓겠다는 듯, 봄비 맞은 앵두알처럼 뽐뿌 아래서만 반짝였다

2

그럼에도 창근이 아버진 서예가였다 색색거리는 소릴 듣

고도 붓 흔들림이 없었다

마당에선 일 끝난 누나가 뽐뿌질을 하고, 어린 우린 안방 기둥을 잡고선 '무궁화 꽃이 피었습니다'를 외치고, 창근이 어머닌 숱 빠진 싸리 빗자루를 들고선 '장사 망친다' 후려치고…… 하지만 창근이 아버진 결코 떨리지 않는 손으로 한 획 한 획, 정성스레 그었다

술래잡기 끝나고 털레털레 집으로 돌아온 난, 펌프 물 속 그 젖꼭지들이 하 삼삼해, 밤새 엄니의 소 안창살보다 더 검은 젖꼭지를 눈으로 가져가다가, 뺨싸대기를 얻어맞았다

구광렬 시인, 소설가. 시집 『슬프다 할 뻔했다』 『체 게바라의 홀쭉한 배낭』, 소설 『반구대』 등 다수. 울산대학교 교수 역임.

김숲

1도

코로나19 발열 체크를 한다 정해진 온도에서 1도를 넘으면 출입문을 통과할 수 없는 온도. 행여 몸속에 숨겨 놓은 온도가 있을까 이마에, 손목에 체온 측정기를 댄다

그 1도,

고치 속 나비의 날개가 활짝 펴질 수도
봄을 나는 종달새 소리가 구부러질 수도
아프리카 사막여우의 귀가 작아질 수도 있다
남자들의 동공이 확대될 수도
태풍의 눈이 만들어질 수도
호박 속 잠들어 있던 디플로도쿠스의 유전자가 깨어날 수도
피라미드 속 고요가 와르르 무너질 수도 있다
모네의 정원에 오므렸던 수련이 톡 터질 수도
파스타 면발이 벽에 붙을 수도
사과 빛깔이 붉어질 수도
열목어의 눈이 붉지 않을 수도 있다
처마 밑 낙수받이 물통에 파문이 일 수도

모기 입이 삐뚤어질 수도
알껍데기에 쩍 금이 갈 수도 있는

너와 나 사이 온도 1도 차 난다면 우린 서로 반대 방향으로 걸어갈 수도 있지 몸속도, 마음도 평화로운 온도 속에서 살아온 나. 이제 그 온도 치솟아 재가 되어도 좋을 불같은 사랑의 온도에 대해

구인광고를 읽다

끝없이 무너져 내리는 길들. 글자의 행간마다 펼쳐진 사막엔 모래바람만 분다 난 딱정벌레처럼 글자를 파먹는다

통통한 빗소리에 울음을 묻는다 벽지는 빵처럼 부풀었건만 행주는 바싹 말라 있다 실금 따라 찢어진 벽지 끝에 민들레를 그려 넣는다

문이 훨훨 날기도, 구르기도 한다 나를 문안에 세우기도, 문밖에 세우기도 하건만 발목에서 어둠 자라고 안개 자라고, 발목 하나는 문설주에, 또 다른 하나는 문지방에 서 있다

나설 때마다 조각나는 나, 모서리로 굴러떨어지는 눈동자에서 눈물이 흐른다 멀리 발바닥이 보인다

붉은 달

붉은 슬픔 실어 오는 삶의 그늘. 레테의 강을 건너왔는지 이불이 흥건해요 온몸에 붉은 강물이 흘러요 꽃물이 드리워진 날부터 족쇄는 나를 괴롭혀요 점점 조여 와요 북풍의 여신이 쇠사슬에 묶인 나를 잡아당겼다 놓았다 하네요 발목에 시퍼런 멍이 들고 아, 강물이 붉어요 한 달에 한 번 몸속에 뜨는 달. 나, 그 달을 낳아요 노오란 달맞이꽃 활짝 필 때 한 마리 늑대 되어 물어뜯다 올래요

피터팬이 될래요 후크 선장과 맞서 싸우는 그곳 네버랜드엔 어릴 적 내가 있어요 발가벗고도 부끄러운 줄 모르던, 개울가에서 고무신으로 물고기 잡던, 줄을 타며 타잔 놀이 하던, 노을 들도록 바다에서 진흙 놀이 하던 나. 들판이, 산이, 바다가 온통 내 놀이터였던 날 만나는 순간, 기대되지 않나요 붉은 달이 뜨고부터 잃어버린 나의 네버랜드에서 영영 돌아오지 않을래요

지난달 내가 낳은 달이 새벽 세 시에 창문을 둥글게 두드리네요

향기롭게 썩다

등산로를 걷는다 발가락으로 읽는 흙냄새. 나뭇잎 나붓나붓 내려앉아 썩은 걸까 쌉쌀, 향긋하다 세상에 썩어 향기로운 거 얼마나 될까 내 몸 주어 다른 생명의 밑거름이 되는 일, 자체만으로도 꽃 피우는 일인데 향기 있는 것들 썩어서도 향기롭고 악취 풍기는 것들 썩어서도 악취를 풍기는지 한 생을 살다 간 이파리들 훌훌 벗어던진 나뭇잎들. 썩어서도 번뇌가 없다 맛있는 것 싱싱한 것만 먹고 사는 내 똥은 왜 냄새가 나는 걸까 어떠한 향수로도 감추지 못하는 구린내가 나는 걸까 어떻게 살아야 향기롭게 썩을 수 있는지 변기에 앉았는데

하, 이 똥

김숲 『펜문학』 신인상 등단. 시집 『간이 웃는다』. 제2회 등대문학상, 제20회 한국해양문학상 수상. 울산문화재단 문화예술진흥기금 선정. misuk2431@hanmail.net

박순례

획 1
—빈혈

분홍 소금 치약으로 양치질한다 토레비하 소금 호수를 걷는다 봄 동산이 숨어 있어 진달래 사랑을 기억하지 숨바꼭질 술래 되어 호수를 헤맨다 햇빛이 높은 한낮 분홍은 더욱 붉어지고 나의 심장도 붉어져 호흡이 익어 갈 무렵 오두막 속에 앉아 마스 라 플라나를 마신다

아무것도 찾지 못한 공중을 걷는 발. 술래에 싫증이 나 보라치노 성씨 하나 주워 들고

별 소리보다 세찬 양치질 다섯 번째의 휘모리
모르는 곳으로 흐르는 획을 좇아 동공이 빨라진다
방구석 한쪽 모서리 멈춘 소곤거리는 진달래꽃 별 하나

획 3
—서역쯤에서

어릴 적 귀에서 나는 별들의 속삭임 소리
밤마다 잠자리에서 가 보고 싶은 곳 찾아 나선다

산다는 것은
제 이름을 조금씩 지워 가는 일
하룻밤을 새고 나면 획 하나 지워지고
사구 어디쯤엔가 묻혀
허우적거릴 획 하나
사막 같은 구름 속에서 제 몸을 숨기려
꼬물거리며 커져 가고

이 밤이 지나면 도 하나의 획이 떨어지고
푸른 세계 돌아온 난 무엇을 먹을까

두 번째 획 떨어져 나갈 때쯤
밤하늘 별보다 많은
얼굴을 거울 속에 들이민다
거울 속 깊고 넓다
획 찾기보다는 지워 내는 것
숲은 자라고 숲속에 사는 거인 내가 온 줄 모르고

그 코밑에서 할딱거리고 있는 나의
천 번째 획은 무엇이었는지

개폐*

한 장의 무명 조각보 모를 낸 무논이다
홈질로 된 바느질
모판을 보는 듯
빨강 색실 바늘 걸음
모판에 길을 낸다

바늘을 소로 보니
실은 쟁기로 보인다
다랑논엔 그래, 소와 쟁기가 제격이지
바늘 논고랑을 갈아엎는 듯 쟁기 따라나선다
가끔은 소가 울고 논바닥 뒤뚱거리며
소 가끔 울고 헤매기도 한다
소 울음 고요를 깬다

새참 내오는 시간일까
아낙의 발걸음 소리는 총총 땅을 울린다
새참 바구니엔 호박 나물 열무김치 국수
냉수 한 바가지 부어 훌훌 마신다

무논에 들어가며 목청 가다듬는다
각진 조각보 홈질 끝나고
모내기 끝나고

황소 울음, 저 무논의 외침

* 〈개폐〉: 유홍석 그림.

모자이크가 되어 가는 길

카프리스 24번이 발목을 휘감는다
가을이 내게로 온다
파가니니 따라 걷다 보면
낙엽은 하나의 음표 되고
한 장면의 발레리나
음표대로
징검다리 건너듯 걷는다
꼭대기로 오르기도
단풍이 구르는 소리

포르테,
발끝에 힘이 들어간다 땅은 부드러운 스펀지
힘 줄수록 솟아오르는 발 점점 세게 낙엽 하늘을 오르고
스타카토,
짧은 건너뛰기로 도랑 건너고 다시 멈추고 건너고
낙엽은 방향 바꾸어 햇빛을 피한다
알레그로,
바람에 뒤집히는 낙엽 돌아섰다가

빠르게 표정을 바꾸며 웃는다
아다지오,
저마다 다른 생각 주워 모아 모자이크 맞추며

음악 흐름에 허우적거리며 나를 잊은 채로
통통 뛰어오르고 동글거리며

박순례 『여기』 등단. 시집 『침묵이 풍경이 되는 시간』. 2020년 울산사랑문학회 문학상 수상. 현 울산시인협회 감사. sy3456kr@hanmail.net

박장희

모든 힘의 합은 0이다

버스가 도착하면 꽃이 사라지나
얼마큼 하강하면 기압 높아지고 맑아질 수 있는지
버스가 떠나면 꽃이 피나
울음소리 얼마큼 높아야 하늘 울릴까

거울 보며 머리 빗는 데 집중한다
발자국 얼마큼 무게로 밟아야 선명하게 찍힐까
의자에 걸터앉아 양다리 앞뒤로 흔든다
햇살 얼마큼 태엽을 감아야 빨리 도착하는지
빛을 건너뛰며 달려와 하이파이브한다
만남, 채도 얼마큼일 때 클라이맥스에 도달할까
두 손 맞잡고 앞뒤로 흔든다
희미한 위치, 얼마큼에서 고운 빛깔 뿜어 나오는지
어깨동무를 하고 셀프 카메라로 사진 찍는다
수심 얼마큼에서 물고기 똥 누고 꼬리 치며 떠오를까
마주 안고 흔들흔들하다 풀어진다
뿌리 얼마큼 깊이에서 꽃 피고 열매 맺는지
두 주먹 가볍게 쥐고 가슴 토닥토닥 두드린다

어둠 얼마큼 거리에서 지렛대를 밟아야 바닥 치고 비상할까
백 허그 후 등에 얼굴 반을 파묻고 눈 감는다
얼마큼 타오르면 칸나처럼 붉어질 수 있는지
이마에 뽀뽀하자 운동화 위에 발 지그시 올린다
달과 해, 얼마큼 간격과 시차일 때 서로 모습 드러내고 감출까
버스 도착한다
얼마큼 상승하면 기압 낮아지고 부피 늘어나고 구름 지나가는지

버스 정류장
꽃과 풀의 틈새에 하루가 바뀐다

그 정원, 젖는다
—조안 미첼 〈무당벌레〉

당신의 등을 정원이라 할 수 있을까
그렇다면 자극 없이 슬픔이 해체되고
그 등 젖는다

수평선 하나로 그 어떤 소리도 들을 수 없다 벌레들 잔뜩 낀 당신의 정원

불어 터진 빵처럼 너덜너덜한 바람 부러진 꽃가지에 닿는다 납작해진 저 무당벌레 배설물에 혼절하는 꽃

담벼락 아래 망우초 여린 눈을 틔운다 수평선 그 납작한 등 위로도 잘 자랄 나무 한 그루 심고 싶은데…… 그래, 비단잉어다

불꽃놀이가 절정이다
정원엔

해체된 슬픔 다시 자라고

젖는다

부추기다

전선에 귀 기울여도 해독할 수 없어
달빛이 전하는 말

뛰어내리고 싶어! 저 불 속으로
뛰어내려 봐, 아마 못 뛰어내릴걸,
아냐, 정말 뛰어내릴 거야
…… 아 알겠다!
조명받고 싶다 이거지?
아니야, 그런 건
그래, 그렇다면 뛰어내려 봐,
빨리 제스처 취해 봐 시간만 가잖아
…… 오늘이 무슨 요일이야? 며칠이야?
지금 그게 무슨 의미가 있어?
그래도 내가 떠나는 날은 알아야지
그런가? 오늘은 화요일 5월 25일
음, 이제 진짜 뛰어내린다
하나 둘 세에엣
아! 어쩌지, 달빛과 흔들리는 전선 때문에 목적지로 뛰어

내릴 수 없을 것 같아
달의 위치와 바람을 가려야 할 것 같아
그래, 그러면 어느 방향으로 가릴까?
달의 위치 왼쪽 방향으로 몸을 가린다
그래도 계속 투명한 빛 쏟아지고 전선 흔들리고 있어
아, 그래? 다시 반대로 가려야 하는 건가?
어느 방향을 가릴까? 현재 상태 왼쪽으로 가림
그래 위치를 바꾸자, 다시 반대 방향으로 가린다
이제 됐어 뛰어내릴 수 있을 것 같아
하나 둘 세에엣……
이상해 달빛과 바람 아까보다 더 강해
그래?
우리가 사라지지 않는 한 달빛과 바람을 잠재우기는 힘들지 않을까?

그래, 달과 바람이 고마울 수도 있어
고무줄놀이를 하듯

링반데룽

바닥을 읽는다 앞뒤로 읽다가 중간쯤에서 돌아서 읽는다 묻어 둔 보물을 찾는 걸까, 경전의 한 구절을 읽는 걸까, 바퀴 한 마리

뒷발을 중간으로 모아 비빈다 다시 읽다 멈춘다 두 발을 꼬리처럼 모아 가만히 있는다 주문을 더듬는다

항로는 짙은 안개로 뒤덮인 듯, 지름길을 찾다 길을 잃어버린 것일까 벽을 더듬고 온기를 더듬는다 바람 소리를 더듬다 온몸이 눈빛으로 변한다

무언가 불안해진 것일까 왼쪽으로 질주한다 에어컨 발치에서 주춤거리다 비스듬히 반 바퀴쯤 돈다
방랑도 때로는 위로가 되지
엎지른 도착점이 어디였는지 왔던 길 다시 돌아가 빙글빙글 돈다

방랑에는 이유가 있다 환한 밝음 속에서 추운 듯, 넓은 공

간 속에서 부족한 듯,

불빛이 저물어도 찾지 못할 공간 불러 세우고 싶은데 낯선 발걸음 흘러넘치고 바쁘다 저 바퀴벌레, 읽고 또 읽어도 알 수도 없는

박장희 『시와시학』 신춘문예 당선. 시집 『폭포에는 신화가 있네』 『황금주전자』 『그림자 당신』, 산문집 『디시페이트와 서푼 앓이』. 울산문학상, 울산 詩文學賞, J. P. 샤르트르 문학상 대상, 울산문학 올해의 작품상, 함월문학상 등 수상. change900@hanmail.net

박정민

스카이댄서는 바람나고 싶다

동네 휴대전화 상설 매장 유리 벽에 주기적으로 관능적 입술 모델이 붙으면
그럴 때마다 구형이 되어 가는 통신 문자들
말이 되지 못한 것들에 말을 걸어온다
언젠가 퇴화한 꼬리뼈 부근이 가벼워진다
바람은 언제나 봄을 향해 불고

바람 인형의 무게중심은 빈 방 만든다
말이 되지 못한 도구 속 문자들
허공에 빛을 숨기고 야광 별을 키우는 방으로
세상의 상큼한 당신만 오시라
날마다 당신의 당신을 부르다 입술에 열이 오르고
꺾어진 허리는 주름진 그림자로 쌓이는 오늘
관절과 관절 사이 불쑥 찾아오는 통점에 비보이는 슬프다
꺾일지언정 부러지지 말기
서로가 서로를 책임질 만큼의 사이 아니라 얼마나 다행인가
가끔 당신 안부를 거부한 관절의 슬픔을 눈치채지 못했다면
덕질 또한 용서하시고 혼자 한 밀당을 모른 척하시라

어쩌다 관중 없는 시대에 얼굴 절반을 가리고도
힙합 본능 어쩌지 못하는 찬란한 봄날
어긋난 춤에도 진심을 의심하지 말기
친절에 가벼운 당신의 당신에게
몸속 바람 모조리 빠져나간 빈혈 같은 날이 오면
바닥에 풀썩 엎드려도 무너지지 않는 진심을 보여 주겠노라

도무지 입문기

개나 소나 다 한다는 그거
새끼들 이름 달고 매달 자동으로 오는 늙은 종잣돈 새끼라도 쳐 볼까 했어요
하필 새 구두를 사 신고
오로지 세모에만 심장이 아래위로 나댄다는 주식 장 막상 들어는 왔는데
뒤꿈치는 쓰리고
꼭짓점이 위인지 아랜지 도무지 알 수 없어요
이럴 줄 알았더라면 때마다 지도 닫고 이 길 저 길 가 볼걸
길 찾는 연습이라도 미리 할걸 그랬어요
동학이나 서학이나 위도 아래 없고 아래도 위 없다더니
세상의 길은 온통 피라미드 속이네요
개도 소도 도무지 알 수 없는 무수한 아라비아의 숫자는 혼돈이에요
밤새 충혈된 눈으로도 물들여지지 않는 푸른 피라미드에
푸른 피 모조리 쏟아 내고 미라로 말라 간 껌의 DNA
단물 빠진 채 역주행을 노려요
파라오의 피라미드도 붉은 돌 하나에서 시작되었으니

스핑크스 붉은 질문지 풀지 못한 푸른 세모들 이끌고
가로와 세로의 기울기만큼 붉은 피라미드 위로 올라가
무사히 사자의 서를 찾아낼 거예요
혹시 알아요, 한턱낼지도

황오동

1.

지상의 것들 가벼워지는 시간에는 가벼워진 세상 가라앉기로 한다

내려앉아 반절의 노래라도 부르고 싶었을까

자전거가 돌부리에 젓가락 장단으로 털썩이면

짐받이에 쌓인 눈 뽕짝으로 떨어지고

눈은 그렇게 살아 있던 기억을 버리기로 한다

2.

황오전파사 낡은 스피커 이른 봄 노래 흐르면

구멍 난 스피커에 사는 무당거미는 결핍의 시절 직선으로 꿰맨다

하루살이 하루를 넘긴 목숨도 덧살이 아니어서

직선으로 달려오는 저승이 차마 무섭다

마지막 나눈 날것들의 눈빛 화석으로 걸린다

3.

그래 아버지가 문 닳도록 드나들던 왕대폿집 이름 뭐더라

성만 남은 김 씨 이 씨와 박 씨
이름과 이름을 덧걸고 술을 마신다
그렇게 몸을 빠져나간 아버지의 이름
술잔에 누렇게 잠긴 김 씨 이 씨의 손톱과 박 씨 머리카락 건져 오면
뭍으로 돌아온 이름은 몇 번의 건배를 하고
다시 자음과 모음을 흔들며 낡은 종이 속으로 스스로 걸어가 박제되는 아버지
유독 사람으로 사는 게 큰 유혹이라
매번 딴 얼굴로 무대를 나오는 당신은 얼마나 많은 낯선 얼굴로 살고 싶었을까

4.
황오시장 싸전 앞에서 꼬부라진 자전거 멈추면
끈질기게 붙어 있던 눈덩이 바닥으로 내려 땅이 된다
그래 스스로 바닥이 될 줄 안다는 것은 얼마나 착한 일인가
바닥에서 목숨 받아 허공으로 간 아버지 이름에는 자음도 모음도 없다

5.

종일 내리던 눈 그쳤다
세상의 높이 가벼워지면 아버지 배꼽에서 길은 열리고

화덕 위 밥물 넘치고, 시래기된장국 끓는
초저녁 골목은 휘모리장단이다
어느 담 너머에서 푸른 고등어는 푸른색을 내려놓고
집집마다 눈 덮인 기와지붕 위로 석양마저 막바지 색을 내리면
눈 아래 눈 녹는 소리, 땅으로 돌아가 땅이 되는 소리 요란한데

허공으로 간 아버지 이름은 돌아올까

수월하게, 수월하게

옷장 가득하던 허물이 모조리 방바닥에 널린다
세상의 껍데기로 무거웠던 날 많기도 하였구나
기억이 먼지로 살아나 허물마다 흔적으로 앉는데
막내딸 대학 졸업식 날 입었던 하늘색 코트 보푸라기에 웃음소리가 묻어 있다
기억을 세로로 자르면 먼저 지워질 기억이 시치미 뗀다
검은 동굴 속 굼벵이는 지워질 기억을 고를 수 있을까
얇은 기억도 두께를 지녔다
지구의 무게는 중첩된 기억의 질량으로도 변하지 않는 의리를 가진다
슬픔은 정리한 만큼 줄어들까
비극도 준비한 만큼 무뎌질까
검은 땅속 헤매어 만들어진 길
순한 기억아 조금은 수월하게 지상으로 오거라

박정민 『문예사조』 등단. 시집 『코끼리를 냉장고에 넣는 방법』. purunn@naver.com

최영화

동공

마젤란해협으로 이사 간 아버지 절벽 끝에 누워 천장 무늬만 보는
어머니의 걷지 못하고 심하게 떠는 몸 떠먹이고 목욕시켜
배를 타기 전 이마에 입맞춤 쪽.
풍랑에서 돌아오는 날엔 등 두들기며 이마에, 유방에 쪽쪽

TV 속 새끼 펭귄들이 오징어를 입에 물고 춤을 추는 날
만선으로 온 가족이 모여 앉아 손뼉을 치고 팡파르를 울리는데

반쪽 떼어 내 남은 간마저 나빠지면 어쩌냐고
어머니의 동공 속에 남아 계신 아버지
창밖 떠다니는 돛대 먹구름 깃발 바람 거칠면 몸은 덜덜덜

아버님 제가 O형이라 떼어 드리지요 물결이 일어
장인어른 저는 아직 젊으니 당연히 제가 해야죠
걱정 마세요 아버지 지금까지 키워 주고 돌봐 주셨으니 저희가 해야죠

파고가 일어 방 안은 온통 깊은 바닷속

눈 말간 새끼 펭귄들 마젤란 펭귄의 울음소리에 날개 아래로 파고든다

곤포사일리지

경주 벌 황금 들판 콤바인이 지난 자리
코리아케라톱스가 알을 낳았을까
밤새 낳았는지 해 뜨면 불어나고
태양과 달의 기운 먹고 단단해진
갓 낳은 공룡의 알 탯줄을 달고 있다

끈끈이 이어 물속에 낳은 알 연두를 입고
땅 위에 낳은 알 흰색을 입고
산에서 낳은 알 파랑 옷을 입고
벌판으로 모여와 공기놀이한다

동네 꼬마들의 숨바꼭질 뛰고 구르고
줄을 당겨며 기차놀이를 한다
지나가던 논 주인

알이 돈인데 왜 못살게 구나 이놈들아
우리 새끼들 먹이려면 탯줄 끊어지면 큰일난다 이놈들아

감실 여인

바위 뜯어내 겨우 앉을 만한 방, 비바람 피할 수 있는 굴 꼿꼿이 앉아 기도드리는 천 살 먹은 여인

오늘 달님 오는 날 동트자 머리 묶고 손 소매에 넣고 방석에 앉아 밖을 내다본다 일 년을 기다린 정월 보름달 걸어 나온다 바위 안쪽 어둠 드리우자 여인 몸을 연다

단정히 앉아 발가락 만지려다 치마 들춰 속살 건드린다 손을 올려 옷고름 매듭 풀고, 가쁜 숨 토해 낸다 뒤란 부르르 떤다

서서히 달빛 한 자쯤 더 기울고 황금 남정네 *어여 가시라* 손 저으며 눈웃음 짓는

추모제

진덕여왕 첫 추모제
왕릉 상석 앞에서
향 피우고 고기 떡 과일 차 올린다
흠향하소서

태평가 한 소절 울려 퍼지고
잠결인 듯
영롱한 환영幻影 속
피어나는 한 떨기 백일홍
꽃봉오리 벌어지고 퍼져 나오는 내음

향기에 벌 한 마리
백일홍 부르르 떨고
그 소리에 춤을 추는 벌들

추모제를 닫겠습니다

백일홍은 온데간데없고

벌은 꿈속으로 날아가고

노송들만 무덤 지키고 있네

최영화 『문예춘추』 등단. 시집 『처용의 수염』. 세종문학상 수상. 동리문학기념사업회 이사. gjcyh@hanmail.net

임정진

메타세쿼이아 숲

딸은 흥얼거리고 나는 중얼거리고
숲으로 가는 길에 구름은 하얗게 변해 있었다

숲은
냄새로 가득하다
긴 사슬을 이루고 있는 테르펜 향

들어갈수록 웅얼거림이 들리고
무슨 말일까 귀 기울일수록 우리는 숲이 되고

엄마 냄새가 나지 않는다는 딸과
오래전 한 남자의 냄새를 맡고 있는 나

잎들은 떨어지며 반짝 몸을 뒤집고
떨어진 잎들이 포개져 숲 안에 숲을 이루는

우리를 바라보는 연잎 연못을 지나 나무다리를 지나 계단을 지나 단풍나무를 지나

메타세쿼이아를 지나

숲 안의 숲으로 가면

최면 걸리듯
핥고 쓰다듬다가 나를 휘젓듯

터치

숲에는 오래된 향이 있다

불면

낮게 가라앉는 음과
같은 음을 반복하는

바흐, 무반주곡이 방 안에 흐릅니다

꼬리에 꼬리를 물고 방 안을 맴돌아
베개에 얼굴을 묻고 몸을 반으로 접자

다시 어두운 밤
무반주 첼로 흐르고

양 아흔아홉 마리
양 아흔여덟 마리

밖으로 오토바이가 지나가고 아이들이 떠들다 사라집니다 어디로 가는 걸까요 매일 그들이 사라지는 건 지구가 공회전하는 까닭일까요

양을 셀수록 환한 대낮입니다

병원에서 만난 긴 머리 아가씨와 애기 엄마는 치료가 잘 되었을까 여자만 보면 눈을 굴리던 그녀의 남편은 아직도 밖에서 눈을 굴리고 있을까

또렷해질수록
오렌지 향기를 맡으며 죽어야겠습니다*

* 작가 이상李箱의 유언 중에서.

내 첫 애인 김철수는 게이였다
—그는 게이가 아니다

사내 다가온다
내 눈동자에 오른쪽 눈을
대고선 깜박인다
파란색,
검은색 동공에서 뿜어져 나오는
그 눈물 거세다
바람 불고 눈물 멈추고
엷은 막이 생기고
하늘과 땅은 경계선을 잃고 맞닿는다
울음은 목에서 나오지 않았다
늑골에서 새 나왔다

남자, 갈비뼈는 빼더라도 눈물은
빼앗아 가지 말라고
숨 쉴 때마다 열두 개 뼈 사이로
찬바람 지난다
갈비뼈 가슴살 아래 기슭에 머문다
어린 시절 물가슴증과 기흉을 겪었던 소년

청년이 되면 동성애를 시작한다는* 말

어두운 호텔방 습기 찬 침대에
알몸으로 걸터앉아
밖을 본다
거울에 갈비뼈가 비친다
작은 숨결로 부풀었다
가라앉는다
어둠이 살에 갇힌 게 분명하다
느슨하고 무거운 물처럼 숨 쉬는 그
방금 누군가 방을 떠난 것이 분명하다
노트를 펴고 정액과 모유
습음을 대차대조한다

---

* 아랍인들의 말.

인중이 길어지는 이유
—보훈병원 203호실에서

모든 공기 밑으로만 침잠하고
모든 소리 침묵으로 갇히던 날
전화 수화기 떨리고
당신 굳어 가셨다

턱에서 코로 새겨진 11자
그 아래 처진 입술
얼굴 나머지 부분 경계선
죄다 흐려지고
오로지 코와 입술 사이 명명해져 갔다

그 11자 그 길 양쪽에는
돌담이 둘러쳐져 있었고
호박 덩굴 자라고
별들 쉴 새 없이 떠올랐다
너머 화단엔 사발꽃, 모란꽃,
금낭화 흐드러졌고
미루나무 굳게 버티고 있었다

신작로 생기고
미루나무 사라지고
전봇대만 덩그렇다

임정진 『계간문예』 등단. jjlim61@hanmail.net

황지형

쟁반은 시든다

호박범벅만 한 입가심은 없겠지
동지 지난 호박 두 동강 내었으니
채 물기가 가시지 않은 층층시하 호박 덩이라니
미래를 이야기하는 싱싱한 씨앗들
노을을 쬐는 시아버지 같아서
호박의 내면은 붉고 노랗다
때론 지나치게 향긋하기도 하다
꽃과 다르게 호박이 시드는 것은 눈에 띄지 않지만
꽃값을 지불하라며 고함을 지른다
그래 봐야 늙은 호박 터지는 소리다
백열등 아래 호박범벅을 만들고 있는 어머니
냄비 가장자리마다 엄지손톱만 한 콩은 도착하고 있다
노르스름하게 익어 가는 꽃은
냄새와 향기를 구분하지 않잖아요?
범벅이 된 냄비에 눌어붙다 보면
부표처럼 떠 있는 콩은 깨지기 쉬운 쟁반 같기도 하다
밑바닥이 두꺼운 냄비에 발목이 잡힌
호박과 콩은 찹쌀로 엉켜 있다

부엌 문간에 다리를 절룩거리는
늙은 호박이 서 있다
해 진 뒤에나 먹을 수 있느냐고

포스트잇 달래기

간간이 부족해서라기보다는 곁에 두려고 했다 눈에 띈 활자에 멈칫 두 눈이 가 있거나 새로 구입한 필기도구를 만지작거리는 중이었나 책 받침대 아래에 놓여 있었고 한 번쯤 뜀박질을 하고 싶었을 것이다 닭똥집에 땡초의 무늬가 납작하게 달라붙지 않게 부착해 놔요, 튀김옷을 입은 날개가 막 날아갈 것 같았다

어떤 목구멍의 입구는 마스크다
어떤 말들을 암송하고 있기에 역시 마스크다

표면에 손가락을 문지르다가 절대로 떨어질 수 없음을 환기시켜야 할지 주의를 줘야 할지 함정에 빠졌다 깎은 면이 있는 가위를 입에 문 채 표식 새기기를 한다

나무였던 종이를 계산하느라 정신이 팔렸다
나무보다 더 큰 종이 더미의 그늘
곁에 둘 수 없는 것이 더 많은 빽빽한 종이 사이사이 발버둥을 치는

저잣거리에서는 꼭 사야 할 것 같은
알 수 없는 활자들이 많다
한때 주먹 크기의 활자라던가
서로 옭아맨 징표
말 없는 아이
놀이에 빠져든 아이
종이에 놓인 어린 나뭇가지들

쉼표 찍고 새, 더 멀리 날아간다

종이에 곤두선 새는 당신입니까. 종이에서 들려오는 굉음을 따라 날아왔습니다만. 가위를 든 채 종이 박스가 부르르 날기 시작한 것입니까. 그물코가 그려진 종이 박스에 몸을 집어넣은 건 당신입니까. 지난겨울 줄곧 예의 바른 동거인의 머리에 누가 줄무늬로 털색을 넣었습니까. 조화의 면면은 벽면을 따라 빈틈없습니다. 가위로 이름표를 잘라도

종이에 날아들지 못하면 미운 오리일 뿐입니까. 종이의 양면을 지글지글 잘라 먹는 중입니까. 날아오르고 가라앉는 연습은 누구에게 감염된 것입니까. 꿈꾸듯이 날아오는 날갯짓처럼. 당신은 식기를 씻어 준 종이입니까. 단단한 프라이팬에 속했는지 고주파 음향에 속했는지 삶아 볼 수 있습니까. 양면이 얼마나 얇은지 졸음에 몸 맡긴 채 날아 보세요. 뒤적거리지 말고 앗,

단조로운 선율로 날아 보세요. 가늘고 찢어지기 쉬운 날개가 불편합니까. 날아가는 도마의 뒷다리라도 붙잡으세요. 아주 짧은 짝짓기라도 계약하세요. 두개골 가득 호르몬이 날아올라요. 죽음을 기다리는 먹잇감은 없습니다. 종이가 바스락 방바닥에서 날아갔어요. 선풍기의 의도를 숙지했습니

까. 날개 대신 종이로 바꾼 걸 방관하는 건 죄목이 됩니까. 바람개비가 바뀐 것처럼

불현듯 날아가는 화살표를 따라갑니까. 물음표가 허리를 휘는 건 종이에서 나가기 싫어서입니까. 충분히 날아 봤다는 기호입니까. 가위표 소리가 잘리면 반나절 대리 기사로 갑니까. 수챗구멍에 음식물을 버리는 종이에는 누가 쓰입니까. 종이의 조감도에서 누락되었습니까. 불규칙한 약속을 어기지 않은 당신입니까. 아래를 내려다보는 얼굴입니까. 너 거기서 날개를 버리고

방바닥의 잘린 이름표들. 우리는 공기를 느끼는 날개에 응원합니다. 건너다보는 날개를 오려 냅니다. 같은 신호에 날아오릅니까. 주파수를 잡지 않아도 물음이 풀리는 무엇입니까. 우리는 부리를 맞댄 조류들. 쫄깃한 쉼표로 담겨 있는 접시의 이름입니까.

공갈빵

둘이 놀다가 하나가 죽어도 모르는 놀이라면서, 손가락으로 겨눈 총을 맞으면 그대로 멈춰라. 총 맞은 사람은 죽었으므로 오른쪽 왼쪽 사람이 두 손을 번쩍 들고 난 살아 있구나 만세를 부르면 끝나는 거라, 그리하여 너 아니면 죽어 버릴 테다 자해 공갈단을 빵 속에 감추는 거라 빵 터지는 두려움조차 탈지면으로 닦아 낼 수 없을 때 빵 뒤집힌 타액이 흘러나오고 있다, 나무로 된 선반 위에 빵이 누워 있다, 푹 찌르고 들어가면 나올 수 없는 빵을 만드는 제빵사라면 다닥다닥 붙어 앉은 채 내내 날아다니겠다, 빵 만지는 솜씨에 입이 다물어지지 않는다면서도 민감한 공기에 쉽사리 변형되고 말 테지만 나를 겨냥한 손가락 끝에서 빵 터지는 입구에 접착제를 갖다 붙이고 입술을 갖다 대겠다, 그리하여 하나가 죽어도 모르는 놀이를 자해 공갈단을 보내서라도 빵, 내 가슴에 부풀려 보려는 거라

황지형 『시에』 등단. 중구문학회 두레문학 활동. rmfldna2002@hanmail.net

김뱅상

변산바람꽃

울
산대
교 위를
달린다 바람에 떨고
있는 엄동설한 대교다 달려
올 때 보이지 않던 풍경이 백미러에
모여든다 온산공단 굴뚝 위에 피어오르는
흰색 수증기가 갓 구워 낸 하얀 모닝빵 속살 같다 바
람에 말라 버린 노을이 꽃잎 되어 흩날
린다 주탑과 보조탑 사이
휘어진 줄이 암술과
수술을 놓치지
않으려 안
간힘 쓰
고 있
다
전
면
유
리
에
달려
드는 눈
을 본다 주근
깨 잔뜩 피어나는
마늘빵 같은 바람이
흔 든 다 곧
봄 이
오
겠
지

티핑포인트

금두꺼비는 거대한 얼음 기둥을 아파트 난간에 만들기를 좋아한다 슬레이트 지붕 처마 고드름보다 든든한 것을 원했다 난간을 둘러싼 8층 높이의 얼음 기둥 보기 위해 사람들 개미처럼 모여든다

무엇이든지 좀 특별하고 싶은 금두꺼비다 나무 베어 내고 높은 산에 놀이터 만든다 높은 곳에서 놀면 높아지는 줄 안다 비바람도 통과하는 신발을 신고 긴 막대 휘두른다

흙탕물 흘러넘친다 갑자기 불어난 물에 나뭇잎도 잡지 못한 채 떠내려간다 친구를 구하려 뛰어든 개미가 변을 당할 수도 있을 텐데

냉장고에서 꺼낸 아이스크림이 먹기도 전에 다 녹는다

장마 경고 메시지가 뜬다

채소 잎들 물속에서 녹는다

줄기만 남은 가지에 꽃이 핀다

마른 꽃잎들이 압화되는 시간

분수처럼 터진다
사방으로 튀어 오르며 난간에 매달려 춤을 추는

오랜 잠에서 깬 원숭이 오르골 뮤직 박스가 심벌즈를 친다

멜로디 순리대로 흐르고

샹들리에를 올려다보는 눈빛들이 불안하다

위에서 아래로 자라는 손은 손을 쓸 방법이 없듯이

3은 둥글고 4는 뾰족하다

도피오 커피 마신다 난 왼쪽 넌 오른쪽 손잡이 잡는다 컵 반 바퀴 음표들의 높낮이 차이 휘어진 검은 선들이 응시하는 창문 때리는 비 잠깐 지나가는 것이겠지 컵과 컵 사이, 틈 비집고 올라오는 싹들이 궁금해 그런 잎들의 시간이고 싶어 햇살 꼭지 빠는 여린 새싹들처럼 사각의 모든 꼭지는 빨아 보고 싶어 방향이 다를 뿐 마시는 쪽은 몇 가지 공통점을 가졌지 난 가끔 단맛이 나는 사각 케이크도 함께 주문하고 싶어 식은 밥처럼 굳어 버린 얘기는 물을 부어도 보슬거리지 않잖아 내일의 얘기 미리 뜯어보지 않으련 좀 시어도 좋지 않을까 신맛 다음에 오는 맛은 우릴 다음 단계로 끌어 주지 물에 에스프레소 투 샷 태울 생각은 누가 처음 했을까 서로 다른 입이 반 마디 정도의 리듬을 조율 중 도돌이표 도돌이표 되돌이표

모자 속에는

모자가 궁금할 거야, 둥글고 창 넓은 속
주변으로 모여든다, 휘어진 꽃나무 가지들
테두리에 잘려 나간 기둥과 창문, 다가온다
벚꽃 몇 송이 모자 끝에, 붙는다
모자에 허리 잘린 나무들, 온다
정상에 앉은 바위, 머리 위에 있고
주변으로 몰려오는, 뭉게구름
눈 깜빡이다, 멈추어진
사진 본다, 창 넓은 모자에서 빠져나온 나

커다란 모자 속에 내가 있다

김뱅상 『사이펀』 등단. 시집 『누군가 먹고 싶은 오후』. 열시사십오분창작랩 활동. sukhee1796@hanmail.net

이종보

고요한 행성

아직은 견딜 만하다
이 악물고 겨울을 나는 그늘의 남천도

너희도 날 무시하냐 아빠의 방에서
살아남은 반지하 햇살 따라 일렬횡대 기합을 받는
소주병들도

고요 속에서 태어난 아기들이 맞는
스무 번의 봄날
엄마들이 모두 몰래 사라져 버린다는
먼 별나라 이야기도

모처럼 천변을 달리는 자전거
풀 죽은 강아지풀 구겨진 우유갑도
집으로 오는 길에 마주친
채권추심업자도

아직은 아니 오늘은 괜찮아, 괜찮지?

손짓으로 말하는
봄 같은 겨울 오후의 이곳은

레너드의 귀환

기억들 하시는지
양발을 앞뒤로 춤추듯 움직이며
빈틈 노려
강력한 펀칠 날리던
진정 나비처럼 날아
벌처럼 쏘았던 그를

김 부장에게 찐빠 먹은 뒤
김 부장이 보는 각도
들을 수 있는 크기로
에이 시바 더러워 못 하겠네
서류를 내리치며
스트레이트 쭉- 뻗는 박 과장을
슈거 레이 레너드라 부르자

지금 나한테 한 소리냐
토마스 헌즈처럼
묵직한 어퍼컷 김 부장 날리지만

자꾸 오작 내는
설계부 놈들한테 하는 말이죠
현란하게 치고 빠지는
그의 풋워크

레너드와 헌즈의 세기의 대결은
레너드의 14회 TKO 승으로 끝났다
5년 후 김 부장은 부서장이 된 박 과장 밑에
담당으로 배치되었다

사바나 낙타

포식자들

팀장 회의에서 사자가 커피를 쏟았다. 팀장들 우왕좌왕하는 사이, 커피가 사자를 덮치는 찰나, 하이에나가 팔로 쓰윽 닦아 버렸다. 그날 이후 사자 방에 결재 들어갈 때마다 하이에나는 농담만 주고받다 나온다.

낙타

낙타가 한 달간 밤이슬로 기안한 사바나 풀밭의 원가절감 보고서, 하이에나가 사자 결재 받은 후 낙타에게 건네졌다. 결재받느라 수고하셨습니다. 다시 본 기안자 이름에 하이에나 앉아 씨익 웃고, 낙타의 저녁 술잔엔 밤 깊도록 비가 내렸다. 그해 연말 하이에나는 부장으로 특진을, 낙타는 과장 승진을 네 번째 누락했다.

뭉게구름

영안실에서 사바나 정문까지 유족에게 머리 잡혀 질질 끌려가던 산재 담당 낙타, 정문 앞에서 뺨 맞고 나자빠져 멍하니 하늘을 본다. 기쁘고 행복한 월급날 오후.

노을

성격 좋은 낙타 의자는 창구 두 번째. 한 달 전 그의 의자는 부장 정면 육 미터 동물들 오가는 통로 한복판에 놓였다. PC도 나뭇가지도, 가릴 것 하나 없이 덩그렁한 책상과 의자. 그 열흘 뒤 영영 사라진 책상과 의자. 이십삼 년 만에 내쳐진 그의 의자는 세상 어디서 다시 자리할까. 설산 협곡 지나 사막 어느 사구에서 대리운전을 한다는 말이 바람에 전해 왔다.

후일담

낙타 동기 물소가 팀장의 꼬장을 참다 참다 스패너로 팀장 뒤통수를 내리쳤다. 크게 다치지 않았는지, 정글이 덮었는지, 구속되진 않고 구역만 옮겼다. 이후 팀장님들, 사무실에서도 진종일 하이바를 쓰고 근무한다는 참말 같은 우스개가 한동안 사바나에 돌았다.

북극 이끼

먹이사슬 가장 낮은 곳
눈 속 영구동토에 가만히 앉아
북극 이끼가 겨울을 난다

눈들의 백만 대군이 점령한
겨울 한 귀퉁이

깨진 창에 비닐을 덧댄
그르렁대던 보일러도 기절해 버린
꽝꽝한 골방
이불 세 겹 덮어쓴 남자가
웅크려 있고

음식 냄새 곰팡이 냄새
파리 떼같이 엉킨 옆방엔
부패하기 시작한
늙은 고독이 잠들어 있다

지붕에 하늘에
백만 대군 눈들이 쌓이고 쌓이는 밤

햇볕도 한번 푸짐히 먹어 본 적 없는
눈 속 얼음 벌판에 숨죽여 엎드린
북극 이끼들

이종보 『울산문학』 신인문학상 수상. jbleehhi@daum.net

김병권

모과의 편지

돌풍이 드세던 창가에 편지가 도착했어
비바람이 풀풀대는 꽃가루를 투명하게 배어 두었나 봐
폭풍이 왱강쟁강 흔드는 곁가지는 어떤 생각일까
삐딱하던 모과나무 밑둥치의 개미집은 어땠을까
흩날리던 잎새 우표가 유리창 이마에 달라붙었어

햇볕 춤추던 창가에 연분홍 꽃 부비던 그녀가
부러질 듯 버티며 지나온 나의 글방을 화들짝 열어 보는 것 같아
입을 옥다물고 새촘거렸어
우표를 뗄까 말까 지키고만 서 있었어

바람이 거세게 불어 찢어진 가지의 한가스러운 말들
살인적 시선으로 흩뜨린 침묵의 입 모양새가
폭풍의 어둠 속에 모과가 써 내려가는 말이기도 해
맨살로 새싹을 틔우는 힘, 편지 속에 쓰여 있어
풋내 나는 모과는 골똘히 떠올릴까

바람의 등을 쓸고 간 창을 때리며 더는 견딜 수가 없었어
폭포처럼 말을 쏟았던 게지
창을 열어 둘까 슬픔의 행간이 다 들여다보이도록
그러곤 진정하라고 가지 하나를 부러뜨릴 때
금세, 가슴 안으로 쏟아져 들어오는 말들이 서늘했지

마이삭의 굴레 속에 휘갈기듯 써 내려간 편지,
태풍같이 뛰어 들어온 순간부터 잠들 수가 없었어
깊은 혼란이 기뻤단 말이지
어렴풋이 날이 밝아 창가에 햇살이 뛰어다녔어
가을이 운동을 시작했나 봐,
노란 모과향으로 편지를 읽고 있었던 거야,

단지

어둡고 컴컴한 단지 속을 닦아 보면
엄마 생각이 난다

해를 묵어 가는 된장이,
마알간 간장독이 거꾸로 보일 때,
쇠죽솥 한 가마니 콩알이 익어 갈 때,
뿌연 김 빨아 먹은 솥뚜껑이 눈물을 흘릴 때,
뙤약볕 가린 손으로
콩밭 매던 땀방울이 자꾸 생각이 난다

가는 주름에서 뽑힌 땀의 색이 높고 깊을수록
된장 삼키며 자란 몸속에 시름을 감춘, 나는
밤에도 울다가 슬퍼 우다가
하루를 낱낱이 빻아 예시손마豫時孫摩*
주름에 촘촘히 박혀 있던 팽팽한 슬픔이
햇살을 받아 따사로울 때까지
쩍 갈라진 메주 틈새 하얀 곰팡이가
내 겨드랑이 털까지 검게 휘감아 돈다

단지 속에는

늘

콩잎 삼킨 된장이 울컥거린다

---

* 나쁜 일이 생기지 않도록 예방하고 때를 맞추어 배워 가는 것. 서로 자극하며 공부하는 것.

고목

앙상한 가지 위로 일그러진 운명 같은
구름의 그림자가 지나가고 있었네

내 마음이 얇은 책으로 되어 있었고
나무로 촘촘히 짜인 책 한 권을 다 읽은 것처럼 얘기하고 있었네그려

그가 지친 게지

나무같이 살려면 나무가 되어야 하지
햇살을 안으려면 어둠을 견디어야 하지

햇볕 피어나는 날에 싹을 틔우고,
길고도 긴 푸른 꿈 꾸며
핫한 시간을 넘어 가진 것 모두 내어놓고
높고 쓸쓸했던 일기 같았던 계절 지나
차가운 눈보라 앞에서도 깡마른 손을 떨면서
언어는 한 치도 얼지 않았던 따뜻한 줄기와 속 깊은 뿌리

를 박고

다시 잎 틔워 살아가는 그들처럼
일그러 늙지 않는 가슴으로 걸어가야 하는 게지

두꺼운 책을 읽고 또 읽어야 하지

또 한번 큰 숨 들이쉬고
내가 좋아하는 색깔의 글을 써 내려가야 하지
깨진 에스프레소 잔에 하얀 김이 솟아오르는 것처럼,

그 여자

그 여자
꽃길 거니네
뒤돌아볼까

나는 눈길 감추네

그 여자
꽃송이에 입 맞추네
그 향기 바람에 실려 오나

나는 숨길 멈추네

그 여자
꽃이 되었네

나는 바람을 맞네

김병권 『서정문학』 등단. usmac@naver.com

임성화

막
—친구 김영자

"막걸리 한 됫박과 선짓국 한 그릇 말아 주소"
국 사발에 군데군데 이 빠져 있다
여섯 아들 녀석 좁은 식당을 메뚜기처럼 뛰어다니다가 툭!
의자에 걸려 넘어진다
탁자 위 사발들 파편 된다
"미안합니다 그릇값 물어 드릴게요."
"괜찮습니다. 막사발인데 뭘……"
그렇다, 사발이 깨지고 비로소 보이는 막,
밥그릇 국그릇 물그릇 깨지면 개 밥그릇까지 되는,
사발에 '막' 자 붙어 있지 않았다면
이 고운 친구를 만날 수 있었을까
찰나로 사십 년 인연을 뛰어넘었다
스테인 그릇이었다면 반지르한 청자나 백자였다면
깨지고 나서야 보였다, 막

한
—영감탱이

1.

“클 적에 동생도 많았고, 어머니는 애 키우랴 방아 찧으랴 바빴고”

신랑 될 사람 얼굴도 못 보고 열아홉 시집왔다

“내가 더러 베틀에 올라갔지 그거 아이면 배곯는데 우야노”

이듬해 젖먹이 하나 두고 남편과 생이별했다

“오만 거 다 했지 명주, 무명, 모시, 삼베……”

일본으로 돈 벌러 떠난 남편 소식만 감감 만주로 떠돌다 염병으로 죽었다는 통보를 받았다

“서방은 안 오지, 잠도 안 오지”

오일장 서는 날이면 새벽같이 봇짐 지고 장터로 갔다

“저절로 죽어라 한 게 지금까지야”

내가 짠 명주는 장꾼들에게 인기가 좋았다

“편할라카믄 요즘 세월에 누가 이거 하겠노”

반쯤 감긴 실눈에 수천수만 나방이 오른다

2.

“열아홉 모란 난 어디 갔노”

화로에 솥을 걸고 물을 끓인다
"젖먹이 하나 남겨 놓고 여태 소식도 없고"
삶긴 고치 놋젓가락으로 휘휘 젓는다
"호열자로 죽었다는 통보만 보내는 낯 두꺼운 영감탱이"
왼손으로 젓가락을 오른손으로 왕챙이를 돌리며
"돌고 도는 세상 큰돈 벌어 온다더니 소식 수십 년이네"
실 끝을 물레에 걸고 실 내리기 시작한다
끄싱게 기둥에 도투마리 감아 당겨 실 끝에 물레를 걸고 실 내리기 시작한다
"영감탱이 못 이기는 척 끄싱게 같이 끌려올 것이제"
잉앗대 떼어 내고 바디집 떼어 내고 도투마리 떼어 내고 이네오리할날 기다리며 닥나무 속대로 불 지핀다
"춘하추잠春夏秋蠶 다 잤으면 그만 올 것이지, 영감탱이"

횃댓보

횃댓보 너머를 본다
남색 치마, 몸뻬 바지, 올 풀린 쉐웨타,
검정 신사복, 낡은 와이셔츠,

내 작은 몸피 둘 곳 없다

둘러 앉아보니
와이셔츠, 내 오른쪽 어께에 얹히고
신사복, 내 왼쪽 어께에 얹히고
쉐웨타, 내 오른쪽 다리에 감기고
몸뻬 바지, 내 왼쪽 다리에 감기고
그래, 이제 여유가 보인다

그때 당신의 나이 되고 보니
울음 우는 즐거움.
독백하는 즐거움.
배곯는 즐거움.

그 즐거움들
보이지 않던 이 허방에서 누리누나

지난 세월만큼
내 가슴에 구멍 나고
그 구멍만큼
횃대 너머 몸피만큼의 체적으로
숨 쉴 곳 생겨나니
우린 천생 모녀이군요

간장독

간장독을 연다 장을 뜨려는 순간, 엄마다
—엄마!
내 입술이 떨리고 엄마 빙그레 웃으시는 입술에 마른 댓잎 하나 떨어지고

—저승에서도 아들을 좋아해요? 고등어 몸통은 아들 주고 딸에겐 대가리만 주는가요?
엄마 이마에 또 하나 댓잎 날아들고

—엄마!
만삭의 딸 영경이 나를 부르는 소리. 엄마 사라지고 나, 간장독 안으로 들어서고

임성화 《매일신문》 신춘문예 등단. 시집 『아버지의 바다』 『겨울 염전』 『뻥튀기 뻥야』. 제29회 성파시조 문학상 수상. lsh4529@hanmail.net

박산하

디기탈리스

애인이 떠난 며칠 후
까르르 소리 내어 웃었다
옆구리가 가려워서 긁었다
생각에 생각을 졸이면 마른 웃음이 날 때
꽃을 심었다
연둣빛 소리가 났다
푸른 종이 되었다
바람 불 때마다
속주름이 펴진다
간지럼을 탄다
옆구리가 가려워진다는 것
단순한 뇌를 가졌다는 거
훅 들어오는 웃음
초롱초롱한
극약도 약인지라
멈춘 심장이 뛰는
칠월엔 웃기로 했다

허공을 칠하다

기린이 허공을 칠한다
긴 목이 부드러운 이유도 알 것 같다
조금씩 채워 나갈 때마다 하늘이 줄어든다
채우면 아이가 웃는다
선 채로 아이를 낳는
허공도 간절하면 벽이 쳐질까
벽과 벽을 이으면 방 하나 생기고
지붕이 생길까
손에 잡히는 중심이 되기까지
색을 밀어 넣는다

비 오는 날 차를 몰고 바닷가로 간다
기린은 색맹이다
신호 따윈 무시하지
허공을 칠하듯
바다 끝, 초원이 나올 때까지
늘 경계로 산다는 거
유리 벽과 난간, 옥상과 하늘

비와 바다

벽과 지붕을 섞으면
붉은색에 흰색 번진 날이 올까
새끼 기린을 세차게 발로 찬다
산사꽃 잎 날리듯 허공을 부풀린다

망우정에서

마음에 빗장 없는 게 얼마나 홀가분한지
오수 즐기다 홀연히 물이 필요한 곳에 비 내리고
아무 일 없듯 계곡이나 산정 어디 머무는 구름처럼
하고픈 말 그대로 지었더니
나라님, 심기 건드렸나 파방당했지
세상사 하고 싶어도 할 수 있는 건 많지 않아
강가에 움막 지어 고기 잡고 노니는데
먹구름 일으키며 왜구가 이곳까지 왔지
사람들은 싸울 때보다 싸운 뒤가 시끄러운 법
이 먼지 속을 벗어나는 일은
다시 강가로 돌아와 어부로 사는 일
고기 잡고 솔잎 먹는 일도 호사스러운 일인가
나라님, 자꾸만 부르시네
몇 번의 부름에 시늉만 하다가 돌아온 강기슭
이웃 사람 맘대로 오가며 담소하고 달빛에 스며드는 일
풀벌레, 물새, 장 씨, 김 씨가 강가의 주인이거늘
뒤늦게 찾아온 내가 무슨 염치로 울타리 치랴
사람들아, 이곳에 울타리 없다고 말하지 말게*

낙동 굽이도는 우강리 강가,
왜가리 한 마리 고요를 찍어 올린다
고요의 소리가 햇살에 튄다
강가 마을, 사람 하나 없어도 사람이 산다
멀리 갈대밭 사이로 다래끼 멘 농부,
어슬렁어슬렁 마을로 돌아오는

---

* 이재호 역주, 「초구창암강사」, 『망우선생문집』(집문당)에서 인용.

1.4cm의 금방울

소리가 형상을 만든다
마지막 붓을 대는 순간
미세한 소리가 난다
켜켜이 앉은 소리 콧등에 떨어진다

방울을 차고 나간 아이
실종된 채 누웠다
아이를 일으키자 소리가 흘러내린다
어미 없이 자란 아이
행여 멀리 나가 소리 사라질까
아비가 달아 준 금방울
살아 소리치던 아이
손을 내밀자
살 한 점, 뼈 하나 없이 흩어진다
소리를 소리답게 장식하던
금관이며 허리띠 방울만이 소리의 형상을 만든다
청량한 유리잔
마지막 입술 자국을 남긴 채 소리의 정물이 된다

죽마를 타던 아이는 가고
말을 타던 토우가 그를 지킨다
충성을 맹서한 아이들은 다 어디로 흩어졌을까

고인 소리가 딸랑딸랑
아이의 실종을 알린다

박산하 『서정과 현실』 등단. 시집 『고니의 물갈퀴를 빌려 쓰다』 『아무것도 묻지 않았다』. 천강문학상, 함월문학상 수상. p31773@hanmail.net

이선락

소실점 밖의 풍경

나무와 나 사이, 우묵하다 흰 햇살의 둔각들
나무의 배꼽쯤에 모여 있다 물속 나무, 수면에서
키를 배로 늘일 때 난 화면 밖 소실점쯤에서 살핀다

영지 둘레길, 카메라 앵글에 솟대 하나 걸린다 시선을 묶인 새 한 마리
지난 계절에 떠난 그림자를 찾고 있는 걸까 저 무딘
부리로는 온전히 건질 수 없을 듯한데
화면 밖, 내 귓바퀴는 동해남부선의 기적汽笛을 담는다

이 그림, 묵화다 둥지에서 말 더듬던
새, 흘려 놓은 이야기들이 밴 풍경
사람보다 많은 신들이 산다는 고원을 한 컷에 내려앉힌 난
새 한 마리 기다리는 것이다

날개 없는 새 한 마리를 이고 있는 나무, 물속으로 머리를 박은 채
어느 골목을 훔치고 있을까 그 골목엔

사람이라 부르려다 바람이 돼 버린 무덤 하나, 잠기어도
가라앉지 못하는 낮달 하나,
그림잘 당겨 보지만 물비늘만 인다

낮달 저문다 바람, 숲으로 돌아가고 물비늘 가라앉고,
저무는 햇살 한 줄기, 가라앉은 낮달 포개지는 찰나
물속 나무 위의 새, 반그림자를 드리우고
마침내, 나무와 나 오목해진다

팜 코카투

꿰뚫지 마세요 마음이 사라진 지 오래됐어요
봉지 속은 늘 어두워요

사라지려는 부리를 왼 가슴에 파묻는다
주머니 속 송곳처럼 뾰족해지지만
왼쪽으로 열리는 지퍼를 내리자
어깨가 벌어지려 한다

넌 왜 어두워지기를 반복할까

뒤통수에서 무엇을 꺼낸 걸까

우린 거꾸로 매달려 있는데, 왜
친해져 버린 걸까

시선을 당길 때마다 구겨지기만 하는
조금씩 튀어 오르는,

아침의 입자들이 왜 까만지 알잖아

나는 널 기른 적도 없는데……

우린 또 검은, 알을 낳는다
깨지면 오른뺨이 붉어질

외갓집 가는 길

강과 길 사이 바람개비 돈다
바람 지나가자 그 분기점 모호하다
강 쪽으로 불면 바람개비 돌고
길 쪽으로 불면 연이 날린다

강, 길 양쪽으로 바람 불어오고
연 날아오르고
바람개비 돌고
우듬지에 연 서너 번 꼬리를 튕기다
팽, 줄 끊어진 찰나
구멍 하나를 사이에 두고 몸통이 갈라진 바람개비
그 분기점에 한참이나 서 있다

살구꽃 피고, 어지럽다
그 바람개비 있는 자리, 구름 한 조각 걸리고
하얀 가오리연 돌아오고
끊어졌던 실타래가 이어져
쏙독새 한 마리 날아오르고

두 바퀴쯤 돌았을까 받침 없는 낱말이
공터에 떨어진다

그 옛날 바람개비 속을 돌아 나온 바람, 말을 건다
돌아가지 않아도 돌아와 있을 거라고
한 백 년쯤 후 제 앞에 설 거라고
어린 나, 고무신을 끌며 철길 옆 외갓집에 머물 거라고
그렇게, 아직도 길 하나 누워만 있다

쥐

쥐 한 마리, 접힌 끈끈이 안에서 몸이 굳는다 납작해진 눈빛이 제 몸을 끌어내려 하지만 발마저 갇힌다 그 눈빛 접히고 있는 사이 겉면 놈의 초상 손을 흔든다 날숨 한 움큼 빠져나가자 목소리 잠긴다 안쪽의 신음 겉면에 흥건하다 하단엔 '유사품 주의'

그녀, 내 왼손 약지에 고리 하나를 채웠다 난 그녀의 자기장 안쪽에 있다 시위를 벗어나지 못하는 내 화살 매번 휘어지곤 한다 안으로만 접히는 손가락에서 고리를 빼내기 위해 내 눈은 창 하나 있었으면 하지만 동굴의 내부는 견고하다 유사품일까 난, 졸리기 시작한다

저녁 어스름 청량리행 지하철 안, 손잡이에 왼쪽 눈 꿰고 행렬을 살핀다 고리 속으로 화살 하나 지나가자 자기장 납작해진다 화살의 속도와 자기장의 반발력 사이 내 좌표 어디쯤일까 평면에 고정되지 못하는 난 몇 개의 축을 더 그어야 할 듯, 난 둥글다 구멍이 뻥 뚫린 구球, 시궁쥐의 통로다 손가락을 집어넣자 뼈마디 으스러진다 등 축축해진다 뱃속 잦아든다

안쪽 잦아드니 겉면 붇는다 나, 허물어질수록 그녀 팽팽해진다 접힌 쥐 눈을 감고 놈의 초상 웃고

이선락 『울산문학』 신인문학상 수상. a31251717@gmail.com

성자현

야상곡

떼까마귀 돌아오는 저녁
삼호대숲 전망대에서 밤을 맞는다
이리저리 몰아치는 고흐의 붓
점묘적인 기법의 거친 터치
까마귀의 날개가 접힌다
막이 오르고
세상에서 가장 큰 커튼이 내려진다
밤의 얼굴이 호기심으로 빛난다
암막 커튼 위로 하나둘, 불 켜지고
영사기 돌기 시작하는데
삼 층 벽돌집 창문에서 흘러나오는 형광등 불빛도
벚나무를 굽어보고 있는 가로등도
강물 위로 그림자를 늘어뜨린 형형색색의 불빛도
낮엔 그저 퇴색한 그림자로 있을 뿐
내 귀는 지극히 섬세해지고
세상에서 가장 성능 좋은 스피커를 가진 밤
새들이 숨 쉬고 물결이 흐르고
소리들이 다 살아 일어선다

나는 턴테이블에 레코드를 올린다
바늘의 먼지를 입김으로 후 불어 털어내고
틈새에 바늘을 올린다
나의 노래가 밤의 한가운데
마이크를 타고 퍼져 나간다

바닥에 닿다

바닥이 열여섯 개의 다리를 지탱하고 있다
다리 위에 앉은 뼈대와 살을 지탱하고 있다
이 확고한 믿음 위에서 오늘
한 가족의 역사가 시작될 것이다
제일 큰 뼈와 살은 서류 봉투를 들고 현관문을 나서며
다시 돌아올 것을 약속했다
그다음 큰 뼈와 살은 자전거를 타고 떠났다
그도 역시 돌아올 것이다
그다음 큰 뼈와 살은 입사 시즌을 맞아 독서실로 간다고 했다
종종 밤을 새긴 하지만 그 역시 돌아올 것이다
제일 작은 뼈와 살은 가방을 들쳐 메고 학교를 향해 떠났다
지친 얼굴로 돌아와선 네 개의 다리 위에 몸을 묻을 것이다
때론 바닥이 흔들리는 일이 발생했다
어느 곳에선 무너지는 일도 있었다
그리고 무너진 바닥 위에서 또 하루를 시작했다
어쩔 도리가 없는 사람들은 다시금 바닥을 믿기로 했다
신뢰를 잃은 사람들은 이곳을 떠나고 싶어 했다
하늘이나 지하 어디쯤, 허공이라도

검증되지 않은 어느 곳이라도 가고 싶어 했다
그러나 바닥의 중력은 강력한 것이어서
마음대로 떠날 수도 없었다
또다시 열여섯 개의 다리 위에 앉아 밥을 먹고
버스를 타고, 자전거를 타고 하루를 시작했다
떨어지는 빗방울 아래 바닥이
하늘을 지탱하고 있다

모기향이 타는 동안

자동차 핸들을 잡고 있으면
내가 얼마나 미래를 생각하지 않는지 헤아리게 된다
미래를 믿나
나이 먹을수록 시야는 점점 넓어진다고 생각했다
그렇지 않았다
멀리 봐야 잘 보이니 그렇게 착각할 뿐이다
어떤 우연이 내 옆에 어슬렁거리고 있는지 모르면서
나는 진지하게 살고 있다고 위안 삼았다
꼭 진지해야 할까?
모기향의 중심을 향해 열심히 달려가는 불티처럼
나는 나를 소진시키고 있다
예정된 종말을 향해 레일을 달려가는
그것이 두려운가
핸들을 돌리면서 모퉁이를 돌아갈 때
내게 장난을 걸어올지도 모르는 우연에 대해
외면하기로 작정한다
예정된 종말이라도 어차피 도달해야 하므로
나선 위에서 시곗바늘을 돌린다

재를 뚝뚝 흘리면서 정해진 레일 위에서
미끄러지는 핸들을 돌린다

클라이맥스

이 집에선 해발고도 480미터의 타워가 올려다보인다
타워에서 반사되는 햇빛이 잠시 머물다 가는 누추하고 적막한 집
타워의 정상에 너는 있다고 했다. 네가 있으니
기억에도 없고 지각에도 없는 길에서 나는
정상에 서고 싶었다. 너는 시니컬하게 웃었다
창문을 열어젖히자 나무들을 거느리고 들어오는 타워
바람이 커튼을 흔들고 창틀에 걸린 마음이 요동친다
그곳엔 계단이 없다. 돌들이 박혀 있는 외벽을 타고 올라가야 한다
나는 밑동을 붙잡고 클라이밍을 하듯 팔을 올려 홀더를 잡는다
—나의 생각은 희고 매끄러운 너의 허리에
다리 하나를 홀더에 올리며 전진, 맨 아래 있는 홀더에 양발을 얹는다
엉덩이는 땅에 붙이고 배꼽 근처 홀더를 짚고 일어선다
—나의 생각은 피아노 건반을 짚는 너의 긴 손가락에
천천히 목덜미를 감고 귓가를 맴도는 서늘한 선율

닿을 것 같지 않은 홀더에 팔을 뻗는다. 기적처럼 손이 닿는다

전력을 다해 다리를 뻗어 홀더에 올린다

—나의 생각은 금방이라도 울 것 같은 네 눈동자에

최대한 자세를 낮추고 다시 포지션을 잡는다

한껏 다리를 벌려 발끝을 홀더에 올리고 올라선다

느낌이 좋은 홀더를 잡았으니 팔에 힘을 빼고 잠시 휴식

—나의 생각은 너의 속 쌍꺼풀 진 눈과 속눈썹에, 그리고 너의 속삭임

다시 발을 올리고 정상을 향해 나아간다

얼마나 지났을까? 뒤돌아보니 아찔한 높이

—나는 차가운 얼음에 입 맞추던 너의 입술을 생각한다

후들거리는 다리와 밀려드는 요의

헤세는 말했다 쾌락과 고통의 얼굴은 닮아 있다고

아니다. 쾌락은 극한의 공포와 닮아 있다

추락할 것 같은 높이에 올라서 느끼는 심장의 솟아오름

뻔한 죽음 앞에서 최대치의 욕망을 부르는 삶

—나는 팽창하는 너의 엉덩이를 생각한다

멀리 바다가 보이고, 물결은 햇살을 받아 눈부시다
이제 돌아가기엔 너무 높이 올라왔다
신은 왜 인간에게 날개를 달아 주지 않았을까?

욕망으로부터 풀려난 새가 머리 위를 맴돌고 있다
—나는 네가 불러 주는 노래를 생각한다
홀더를 고르고 손을 얹고 발을 얹고, 다시 반복
그리고 마침 타워의 정상에 닿는다
심호흡을 하고, 팔을 올리고, 마지막 다리를 거둬들인다
정상에 오르는 순간, 힘이 풀리며 몸이 떨린다
주위를 둘러보지만 너는 보이지 않는다
네 이름을 부르는 내 목소리는 허공으로 흡수되고
이미 떠나 버린 너를 찾아 다시 내려가야 하나?
잠깐의 방심으로도 추락할 것 같은 이 타워에서
나는 망연히 사방을 둘러보고 있을 뿐이다

성자현 『시와 비평』 등단. 울산남구문학회 활동. seaofluv@hanmail.net

박종성

8자 작법

난, 방바닥에 드러누워 왼손 엄지 끝에 왼손 검지 끝을 붙인 동그란 모양 나를 만드네

난, 오른손 엄지 끝에 오른손 검지 끝을 붙여서도 동그란 모양 또 다른 '나'를 만드네

난, 동그라미와 또 다른 동그라미의 모양을 놓고 형체도 없는 나와 또 다른 '나'를 견주어 보네

난, 눈을 깜박이면서 깜박거릴 눈도 없는 나와 또 다른 '나'와 어떻게 대적될까 자못 궁금하네

난, 나와 또 다른 '나'와 동그라미와의 난망한 전망을 전망하네

난, 두 동그라미가 촉발한 나와 '나'의 난망함에 왼손 엄지 손톱을 오른손 엄지손톱에 왼손 검지 손톱을 오른손 검지 손톱에 한 번 더 맞대네

난, 각각의 손톱으로 만든 동그란 모양의 나와 '나'의 전망에 오독의 후유증로 눌러 짠 어둠을 붓네

난, 동그라미에서 또 다른 동그라미를 뗄 때 생긴 틈에서 서성이는 두 그림자를 보네

난, 등을 돌린 채 앉아 있는 그림자 쪽으로 다가가네

난, 묻네 '혹시 당신은 내가 아는 당신 아닌가요?'라고

난, 묻네 '당신이 뿌리내린 낯선 밤에 불안은 유용한가요?'라고

난, 묻네 '당신은 어떤 음계로 어둠을 문지르나요?'라고

난, 묻네 '왼손 검지가 버린 오른손 검지와 오른손 엄지에 버림받은 왼손 검지와의 구차한 인연에 관해 어떻게 낯선 밤을 전망할까요?'라고

난, 어둠을 먹고 자란 저 불꽃의 몸짓을 모르네

난, 이 밤이 당신이 깔아 놓은 어둠을 밟고 왔다는 사실을 모르네

난, 습관적으로 왼쪽 눈꺼풀로 짜낸 눈빛을 오른쪽 눈으로 당신의 두 과녁에 쏘네

난, 당신의 부재로 쌓은 수많은 내일 중 그 겨울 노을을 기억하네

난, 쓰러진 나와 '나'의 동그라미가 다시 망막에서 일어서면 등 아닌 등을 맞대겠네

난, 온종일 머리를 쓰러뜨린 동그라미를 두고 '나'였던 당신 때문이라 단정친 않네

난, 내 머릴 마구 짓밟는 벌레 한 마리 때문에 나와 또 다른 '나'를 망막에서 폐기하게 되네

난, 망막에서 남발된 몇 개의 부재 때문에 방바닥에서 일어나 창가로 간 것뿐이네

난, 부재에 적극 부응하는 나와 '나'의 동그라미에게 찬사를 보내네

난, 창밖의 전망을 보고 있는 동안 나와 또 다른 '나'의 동그라미를 견주지 않아 홀가분하네

난, 벚나무 우듬지에 걸린 '부재중'이란 팻말이 부재중이어서 다시 또 벚나무 아래 어둠뿐인 벤치에 드러눕네

난, 하늘이 침침할 때까지 벌들의 혁명사를 재독하네

상강 날 아침에 만난 장미

소릴 두고 꽃잎을 원하신다면
당신의 복종을 내게 주세요
당신의 상상으로
아침 유리창에 꽃봉오릴 터트려 드릴게요
일방적인 언변인데도 궁금하네요

저건 피아노 건반을 연타하는 소린가요
연주 따라 꽃잎이 터진다기에
창문을 봤죠
꽃 이파리 하나 없는데도
꽃잎이 날린다고 하니
아 글쎄,
당신이 상상한 대로
유리창에 꽃잎을 그려 보세요
어때요, 보이나요?
붉은색, 맞죠?

저 바이올린 선율은 어떨까요

볼에 물든 어쩌면
연서에 밀봉된
그런 색이라면 좋겠어요
그건 먼 과거사인데, 그냥 덮어 두세요
대신 꽃잎 몇 장
유리창에 뿌려 드릴게요
부연 안개가 보이더라도 실망친 마세요
어떤 역경이 닥쳐와도
두 눈 딱 감고
상상한 대로 꽃잎을 그려 보세요
붉은 꽃잎이 비칠 거예요

돌연, 바이올린이 세상을 물어뜯고 할퀴어도
그 소릴 망막에 넣어 보세요
아프죠?
혹시 복종을 너무 섣불리 건넨 거라
자책하진 마세요
꽃잎이 망막 속에 그대로 있진 않거든요

유리창에 그리지도 않은 꽃잎이 떠다닐 거예요
소릴 듣고도 붉은 꽃잎을 볼 수 있게 된 거죠

바이올린 피아노 첼로 콘트라베이스 울고
당신은 꽃잎에 어울리는 색깔을 붓고
소리가 꽃이 되는
위험하지만 쓸쓸한 놀이에 빠질 때까지
당신의 복종을 내게 주실 거죠

반영

아침마다
담임 선생님께서는
코흘리개 손으로 빼뚤빼뚤 쓴 내 일기장을
거꾸로 보시고도
'참 잘했습니다'라고 써진
스탬프를 찍어 주셨습니다
언제부턴가
나도 연못 속에 거꾸로 서 있는 미루나무처럼
허리를 잔뜩 구부린 채
바람 따라 어리는 연못을
물끄러미 내려다보곤 했습니다
어느 쾌청한 오후였습니다
산비둘기 한 마리가
미루나무 꼭대기에서 툭 뛰어내리더니
깊은 하늘 속으로 사라졌습니다
나는 끝없이 번져 가는 연못 속 동심원들을
오래도록 내려다보면서
'참 잘했습니다 잘했습니다'라고 중얼거렸습니다

꽃잎이 사역한다

시월엔, 벌레가 갉아 먹은 꽃잎의 생채기를 두고
'꽃잎이 벌레에게 갉아 먹게 한 생채기다'라고 말해야 하리
꽃잎이 머금은 향기르 벌레는 꿈틀댈 테니
꽃잎, 그 생채기로는
벌레의 흔적이 아니라
꽃잎의 의지로 뚫고 간 길이 나게 되니 말이죠

시월엔, 꽃잎의 생채기로 새는 햇볕을 두고
'꽃잎이 버린 햇볕이다'라고 말해야 하리
꽃잎의 생채기로 새는 햇볕은
그 꽃잎의 눈물로 하늘 아래 한 귀퉁이에 버려졌거니와
그렇게 버려진 햇볕은
하늘의 온기가 아니라 꽃잎의 숨결로
대지를 적시고 있으니 말이죠

시월엔, 꽃잎 아래 하늘로 자란 꽃들은
'하늘을 닮은 꽃잎을 맺는다'라고 말해야 하리
그런데도 약삭빠른 초파리들이

꽃잎 아래 하늘을 치받고 바람을 뒤흔들 때마다
우직한 난 또다시
'꽃잎은 보이는 것이 아니라 보는 것이다'라고 말해야만 하리

박종성 『신문예』 등단. m540123@daum.net

윤유점

오래된 책갈피

역사가 된 책장을 넘긴다
오탈자들은 발치에서 떨어져 나가고
행동하는 존재들은
붉은 살 같은 상념을 불태운다
손끝 가득 적막을 돌리면
깊숙이 꿰어진 영혼의 구슬
백한 번째의 주문으로 달아오른다
그 누구도 찾을 수 없다
존재하지 않는 존재를 묶어
더 멀리 더 가까이 파고든다
무방비의 순간은 헐벗은 채 떠돌고
묵주에 걸린 수많은 생의 여분
새벽보다 더 빨리 사라진다
공룡의 발자국들이 찍힌
속설의 끝을 찾는다
창세기에 젖은 눈꺼풀들은
마지막 문장을 경작한다
창살에 새긴 햇볕은
형상을 두려워하지 않는다

센서는 알고 있다

어둠을 옆구리에 끼고 북극점을 찾아간다
현금지급기에 카드를 밀어 넣는 동안
보이지 않는 수상한 그림자 암호를 던진다
비밀 유지를 위해 신호등은 점멸되고
나의 행적을 쫓던 검은 눈동자는 공허하다
표적이 된 얼굴을 스친 공기의 흐름이 싸늘하다
꿈꾸던 순간 날것들의 소리가 들리고
고장 난 지하철은 터널 안에서 멈춘다
초점 없는 시선에 둘러싸이는 호각 소리
환승역을 빠져나오는 수많은 사람들 사이로
사냥꾼의 추적기는 발자국에 매달린다
미친 듯이 날뛰는 사육 시간
포위망을 조여 오고 나는 숨이 차다
목덜미를 물린 공포는 생각보다 깊다
어색한 침묵은 탐색전을 펼친다
감정 배설을 둘러쓴 새벽
공포에 싸인 바다가 출렁이며 밀려온다

티파니는 터지듯

영양실조에 걸린 비너스는 화려하다
클로즈업된 사내의 텅 빈 눈빛
짓밟을 수 없는 순결은 비극이다
순수한 사랑이 길을 잃고 헤매는 동안
이상을 좇는 꿈이 엑스트라의 이름을 지운다
뜨거운 욕망은 그 어떤 의미도 갖지 않고
거리의 풍경은 골방에 갇힌 채 모든 것을 체념한다
눈물을 남기며 사라진 그림자
깊은 침묵에 잠기고
비극이 머뭇거리던 곳에서 서성인다
아무도 찾지 않는 영사실은 필름 돌아가는 빛만 살아남아
묵직하게 잠긴 들창에 입김을 불어넣어 기록을 새긴다
달빛에 취한 여인은 기타를 치며 흥얼거리고
바람에 흐느끼는 영화 포스터는 홀로 어둠을 지킨다
한번 떠나는 사람들은 다시 돌아오지 않는다
고정된 검은 기억이 희미하게 눈물을 흘린다
증폭되는 전주곡은 무성하게 내게 말하고
밀랍 인형으로 되살아나는 완전한 몰입
마지막 펼치는 공작 날개는 부활이다

하얀 병동

수취인은 마리아 집에 산다
출입 통제된 심장을 꺼내

비상구 없는
삐걱거리는 관절
과거의 한 시점에서 출렁이고
가끔씩 피렌체에서 산 인형을 십자가에 던진다

방향 잃은 생년월일
햇볕에 말린다

비밀번호를 해체한 귓속말을 다독이며
위험을 감지하는
처절한 몸부림은 붉은 축제로 잠재운다

발신인은 날카로운 유리 담장을 배회한다

윤유점 『시문학』 등단. 시집 『내 인생의 바이블 코드』『귀 기울이다』『붉은 유곽』『살아남은 슬픔을 보았다』. 부산 문학상, 한국해양문학상 대상, 실상문학상 사)부산 시인작품문학상 대상 수상. stoneyoon@hamail.net

양문희

당신은 유난이지만 나는 유난히입니다

곰과 곰의 어깨에 부딪힌 인생 음식
삼각김밥이 차가운 건 꼭지점 때문이 아니야
모서리에 숨은 방 삼각함수를 푸는 자로 쓰인다지

곰은 9를 찾아 여기저기 뚜껑을 두드렸어
곰들이 너무 많아 머리를 찧고 말았지
자리가 없대 만 원밖에 없는데 말이야
컨베이어 벨트 위 밀려오는 손으로 매일 9를 두드렸지
간간이 흘러나오는 곰의 헐떡임
로켓으로 날아야 했거든

등을 맞대고 엎드려 있는 곰들의 방
속을 메운 다크서클의 참치
입안에서 터지는 머리 아픈 날치알을
한여름 뜨거운 물을 붓고 흔들어 씻던 방
열리지 않은 샴페인이 쌓여 있네

켰다 껐다

일어났다 앉았다
켰다 껐다
일어났다 앉았다
홈페이지의 별은 언제 뜨는지
알람의 별은 언제 뜨는지
다시 누웠다 일어났다

연락처: 010 곰과 김밥은 추억입니다

헬리콥터맘

그녀가 난쟁이범고래를 집에 데려온 것은 적막을 깨는 데 으뜸이었기 때문이다 그녀는 고래를 자랑스러워했다 최고로 사육해 순도 높은 참고래 기름을 얻고 싶었다 비법을 전수받으러 음파탐지기를 장착하고 해저로 내려갔다 누구도 만날 수 없었다 그녀는 압력솥에 넣고 찌는 게 좋다는 풍문을 들었다 물을 붓고 닫았다

조금만 참아 행복한 집에는 창문이 없단다

난쟁이범고래는 있는 힘을 다해 버둥거리며 꼬리지느러미를 흔들었다

그녀는 무쇠로 만든 더 큰 솥을 마련하기로 했다 자동차를 녹이고 엘리베이터를 녹이고 작은 냄비들마저 녹였다 집에 있는 것만으론 부족해 이웃집 것까지 빌려 와 녹였다 솥에 넣고 뚜껑을 닫았다 웬만한 압력은 견뎌 냈다 밑은 뜨거워지고 추는 빙빙 칙칙 소리가 절정에 달했을 때 그녀가 불을 낮췄다 뜸이 들자 좁은 구멍으로 수증기가 새어 나왔다

입술은 파랗게, 배는 까맣게 익은 난쟁이범고래

밤늦도록 물개 새끼들에게 삥을 뜯고 뒷골목을 어슬렁거렸던 등엔 일진一陣의 표시

프로펠러 문장이 반짝였다

파란색은 당기기에 좋았다

촉토해치강 흰부리딱따구리
우리에 가두면 아기 울음소리를 내는
멸종된 줄 알았던 단 한 마리의 새

새를 놓아주기로 한 날

자 준비되셨죠?
화면 앞으로 바짝 당겨 앉으세요

군침이 도는 애벌레
만지지 않아도 수피 속 신호를 알아내기로 한다
입안을 구르는 모래의 압력을 주고받기로 한다

잠깐 차를 마시고

애벌레 찾아 자판 위로 날아든 새들
나는 법의 방향을 알려 주는 새를 쫓아간다
문은 쉽게 열리지 않고

안내하던 새마저 우왕좌왕

마호가니 탁자 위를 난타하는 흰부리딱따구리
묶인 발목이 풀어지지 않아
윗가지가 드러나게 딸꾹질하는 사이
삶이 된 사이와 새들

보이시죠?
손 한번 흔들어 보세요

엇갈리는 노래

정비된 천변에 깃털 목욕하는 비둘기를 보았니?
까도 까도 깔 게 많은 날개가 있어 객관적이더라

때수건으로 문지르면 손가락이 길어져 더듬을 수 있는
숨겨 놨던 날개는 까도 까도 깔 게 없어 객관적인
때밀이 아줌마 달 목욕을 가고 있다

씻은 껍데기가 밀려 나오는지 하수도가 막히는데

비둘기란 이름으로 평화가 오는지
까마귀란 이름으로 불운이 오는지

목욕 끝났으면 빨대 꽂아 바나나우유나 먹지그래

양문희 『시에』 등단. 울산북구문학회 활동. moony6734@naver.com

김도은

게임

1의 아이가 말했지 "난 쌓기 놀이를 할 거야"
1의 아이가 물었지 "무엇을 쌓을 건데"
1아이가 대답했어 "선"

1아이가 다시 물었지 "어떻게 선을 쌓을 거야"

1의 아이가 선을 그리기 시작했어
하나의 선을 그리고 그 위에 선을 그려 넣었지
선 위에 그린 선이 쌓이고 선 사이로 틈이 생겼지

1의 아이는 틈을 가두기 위해 다시 선을 그렸지

선 위에 선을 쌓다 선 안에 1의 아이가 갇혔지
선, 안에 갇힌 1의 아이가 울기 시작했어
1의 아이가 말했지 "선을 타고 밖으로 나와"
1의 아이가 선 위에서 소리쳤지
"선 위에서 나갈 수 있을까?"

1의 아이는 대답이 없다 아이는 어디로 갔을까?

더 큰 첨벙*

호크니의 〈더 큰 첨벙〉을 보고 있다
수영장 밖에서 서성이다
그림 속 작은 집으로 들어가 보다
물속으로 '첨벙'한다

물속에서 전화벨이 울리고
에스프레소, 컵으로 떨어지고
세 명의 남자가 들어오고
난, 물속에서 물속으로 '첨벙'한다

첫 번째 남자가 에스프레소를 마시고,
두 번째 남자가 수영장으로 가고,
세 번째 남자가 전화를 받는다
난, 첨벙 속에서 '첨벙'한다

'첨벙' 속에서 들려오는 소리
월촌역으로 오세요
난, 물속에서 첨벙 속으로,

첨벙 속에서 월촌역으로 첨벙한다

* 〈더 큰 첨벙〉(1967): 호크니 작품.

스크래치

아이가 그를 만나던 날,
빈 젖병을 빨고, 우유 대신 바람을 먹고 아이가 아이 소리를 먹는다
아이는 검은색 그의 그림자를 덮고 누워 있었다
그의 검은색에서 휘휘 바람 소리가 났다

아이가 그를 다시 만나던 날,
담벼락에 검은색의 그가 누워 있다
아이는 담벼락에서 그와 밤이 될 때까지 함께한다
그의 검은색이 아이를 덮고
아이의 검은색에서 휘휘 바람 소리가 났다

검은색이 검게 물들던 날,
아이는 온 힘을 다해 검은색을 벗겨 낸다
아이가 검은색에
별을 새기고 꽃을 심고 물고기를 헤엄치게 한다

내게도 아이의 그가 올 때가 있다

어쩌라구

그녀의 구두 소리 또각 또가닥
바닥에 닿을 때마다 천장을 때린다
닳아 버린 구두 굽, 빠져나온 굽의 혓바닥

그녀의 구두 냉동실에 넣는다
혓바닥은
얼다 녹아 버린다

그녀의 구두 굽 블랜더에 넣으면
윙윙 돌아간다

곯아떨어진 구두는
침대 밖으로 뒹굴어
또각 또가닥 잠꼬대한다

어쩌라구…… 어쩌라구 어쩌라구

김도은 『웹진시인광장』 등단. jaworyun@hanmail.net